L K 734.26

NOTICE HISTORIQUE

SUR

LA VILLE DE LAON,

PAR

Eugène **PARINGAULT**,

Membre de plusieurs Sociétés Littéraires.

Paris,

CHEZ L'AUTEUR, 22, PLACE ROYALE, AU MARAIS.

1838.

Imprimerie de J.-R. MEVREL, passage du Caire, 54.

PRÉFACE.

Quelle qu'ait été la bienveillance avec laquelle on a accueilli la première publication de cet essai historique, nous ne nous sommes jamais mépris sur la portée de cet opuscule et nous avons toujours fait une large part à l'indulgence du lecteur dans les suffrages que l'on daignait nous accorder. En le réimprimant aujourd'hui, nous sommes heureux de profiter de certaines observations qu'on a daigné pareillement nous adresser et de relever quelques fautes de dates et de noms qui s'étaient glissées furtivement dans la première édition.

Il nous importe encore de prévenir que nous n'avons pas eu la prétention de renfermer en quelques pages le récit complet, et de tous les événemens et de toutes les traditions qui se rapportent à la cité, que nous avons essayé de décrire. Cette tâche était probablement au-dessus de nos forces, et parmi tant de matériaux soumis à nos investigations nous avons dû choisir uniquement ceux qui nous ont paru convenables au but que nous nous étions tracé.

Notice historique

SUR

LA VILLE DE LAON.

Parmi les villes qui marquèrent dans nos annales, celle de Laon occupe une des premières places; et toutefois à voir aujourd'hui la tranquillité de ses rues, l'inactivité de son commerce, on ne peut se figurer, sans surprise, qu'elle ait tenu jadis un rang si important sur la scène du monde. Sa splendeur a passé comme toutes les gloires d'ici bas, et la cité, qu'habitèrent quelques-uns de nos rois, n'est plus guère connue dans ce siècle que des gastronomes et des commençants de la grammaire, des uns par l'excellence de ses artichauts et des autres par la prononciation exceptionnelle de son nom. Sans doute c'est une triste renommée que celle-là, mais combien de villes plus illustres encore n'ont pas même conservé du naufrage cette innocente célébrité.

L'origine de Laon ne peut être précisée, les uns voulant que ce soit l'ancienne Bibrax, la font remonter à César, s'étayant de quelques passages ambigus de ses commentaires, d'autres moins ambitieux, parmi lesquels nous citerons Hincmar, archevêque de Reims, garantissent que le préteur Macrobe en a été le premier fondateur. Du reste, que l'on admette l'une ou l'autre de ces opinions, toujours est-il que la ville existait du temps des Romains. Quand à son nom *Loon* dont on a fait *Laon*, signifiait montagne, et l'on peut dire avec raison que jamais étymologie ne fut plus exacte ; car la ville, qui est seule sur un sommet escarpé, s'élève à une hauteur de plus de cent mètres au-dessus de la plaine ; les six faubourgs sont même dans la vallée et forment pour ainsi dire autant de petits villages distincts.

Malgré le discrédit dans lequel est tombée cette ville antique, nous voulons travailler à sa réhabilitation en montrant ce qu'elle a été ; il nous suffira pour cela d'invoquer les souvenirs qui se rattachent à chacun de ses monumens. Commençons par la Maison du Seigneur, dirigeons-nous vers la Cathédrale ; puisque les payens dans toutes les entreprises invoquaient leurs fausses divinités, pourquoi rougirions-nous de mettre notre voyage sous l'invocation du Tout-Puissant! On ignore l'époque de la fondation de cette superbe basilique où sont entremêlées si heureusement les trois sortes d'architecture ; toutefois cette date ne serait point d'une exactitude rigoureuse, car l'église essuya de très grands dommages en 1112, lors du tumulte causé par l'abolition de la commune et au rapport de l'auteur de l'histoire ecclésiastique et civile du diocèse de Laon (*), la majeure partie de l'édifice, et tout dans la cathédrale aurait été dévoré par les flammes, à l'exception des tables d'autel d'or, d'un crucifix garni de pierreries et des châsses des Saints. Les deux années suivantes on s'occupa de la réparation de l'édifice, et il fut décrété que les reliques sauvées du feu seraient promenées processionnellement par tout le royaume, le résultat fut fécond en nombreuses offrandes, et le 5 septembre 1114, le rétablissement du culte fut solennisé par une dédicace. Il serait peut-être à propos de recommencer de nos jours une quête, sinon du même genre, du moins tendant au même but ; car, faute de subsides, ce chef-d'œuvre d'architecture menace ruine en certains endroits, et il serait beau de voir tous les hommes généreux unir spontanément leurs efforts vers ce louable objet.

(*) Nicolas le Long, religieux Bénédictin.

Ce que Volney a dit de l'aspect des Pyramides d'Egypte sur ceux qui en approchent s'appliquerait presque aux clochers de notre cathédrale ; on peut, d'une distance de cinq à six lieues, admirer déjà l'élégante délicatesse qui a présidé à leur construction ; on ne saurait douter qu'ils existassent avant l'incendie. L'Eglise qui a 320 pieds de long, 75 de large et 170 de haut est entièrement dépourvue d'ornemens qui puissent concourir à relever sa beauté ; nous mentionnerons toutefois la chaire, dont le travail a été habilement exécuté, et le beau tableau de Jésus sur la croix, qui a été placé dernièrement vis-à-vis, au milieu de la nef. Le but restreint que nous nous sommes proposé ne nous permet pas de vous raconter toutes les vieilles traditions qui se rapportent à la cathédrale ; je me contenterai pour aujourd'hui de vous faire arrêter quelques instans devant cette pierre, appelée communément *Pierre à clous* : la chronique rapporte que quatre pauvres femmes de Barenton (*) ayant été condamnées injustement à mort, le ciel voulut faire éclater leur innocence et qu'il leur fut permis d'entasser avec la main quelques clous dans ce roc extrêmement dur.

Sortons à présent du temple par cette petite porte pratiquée dans la boiserie et donnant dans l'évêché, aujourd'hui le Palais de Justice. Depuis la révolution, Laon qui est devenu le chef-lieu du département de l'Aisne, a perdu son évêché ; il a été joint à celui de Soissons, et, pour preuve de cette réunion, l'évêque de cette dernière ville s'intitule sur ses mandemens évêque de Soissons et Laon. Lors de l'installation des douze pairs de France, le second était l'évêque de Laon, qui recevait en outre le titre de premier suffragant de la province de Reims(**). Après avoir traversé la salle des assises, où se tint en 1146 un concile et une assemblée des grands du royaume pour délibérer sur une seconde croisade, nous allons, pour continuer d'explorer les lieux, descendre dans les caveaux funèbres, et à l'aide des inscriptions qui s'y trouvent, nous chercherons à lire le

(*) Village à trois lieues de Laon.
(**) Titre conservé à l'évêque de Soissons.

passé sur ces tombes, dont la plus ancienne est celle de Genebauld. Nous empruntons aux chroniques de Flodoard quelques détails peu connus sur le premier de nos évêques. Genebauld, au dire du chroniqueur, était un personnage sorti de maison noble, bien versé dans les écritures saintes et profanes, mais peu à peu il tomba dans la lubricité. Le coupable, se dépouillant avec abondance de larmes aux pieds de Saint-Rémy, voulut se dépouiller de son étole et se démettre de sa charge. Ce saint patron le voyant si fortement abattu se mit en peine de le consoler gracieusement et l'assura qu'il n'était point tant marri de ses fautes comme de la défiance qu'il semblait avoir de la bonté de Dieu, à qui rien n'est impossible. Ainsi, l'ayant encouragé, il lui enjoignit pénitence et l'enferma dans une petite cellule garnie de moyennes fenêtres que l'on voit encore à présent (*) dans l'église de Saint-Julien à Laon. En l'an 7°, comme il était en oraison la veille de la scène de notre Seigneur, il commença à déplorer son état misérable en ce qu'il ne méritait pas de comparaître en l'église, entre les pénitens, à cause de ses forfaits. Environ la mi-nuit l'ange du Seigneur vint avec grande splendeur comme il était prosterné contre terre en son oratoire et lui dit : « Les prières que ton père Saint-Rémy a faites pour toi sont exaucées et ton péché t'est pardonné, lève-toi, et sortant de ce lieu, va faire ta charge épiscopale pour réconcilier ceux qui sont pénitens de leurs iniquités ». Genebauld se trouvant fort étonné ne put faire réponse, l'ange du Seigneur le conforta, lui donnant à entendre qu'il devait se réjouir de la miséricorde de laquelle Dieu usait envers lui. Étant donc ainsi fortifié, il fit réponse qu'il ne pouvait sortir du lieu auquel Saint-Rémy l'avait réclus, parcequ'il avait emporté la clef et scellé la porte de son scel. Sur quoi l'ange répliqua : « Pour que tu ne doutes pas que je suis un envoyé de Dieu, comme l'air t'est pur et ouvert, ainsi cette porte te sera ouverte » Et soudain la porte fut ouverte sans lésion ni du scel ni de la serrure. Adonc Genebauld se prosterna en forme de croix disant : « Quand notre seigneur Jésus-Christ viendrait lui-même pour me

(*) A l'heure où parle le traducteur, en 1580.

tirer de ce lieu, je ne sortirai pas si la personne qui m'a réclus ne vient pour m'en tirer». Sur cette réponse l'ange le quitta ; Saint-Rémy priait alors dans une grotte à Reims, advint l'ange qui lui raconta ce qui lui était advenu et lui recommanda d'aller hâtivement remettre à Genebault son ministère épiscopal. Il s'en va à Laon, où il trouve Genebault étendu à l'entrée de la porte. Depuis, Genebauld s'est comporté en toute sainteté de vie, annonçant publiquement les grâces et bienfaits de Dieu à son égard.

Qu'on nous pardonne la longueur de cette citation ; nous aurions craint d'ôter tout son charme au récit de Flodoard, traduit par maître Nicolas Chesneau, si nous avions retranché du morceau une certaine surabondance qui n'est pas sans mérite. Par cet exemple nous venons de voir le criminel repentant ; il est d'autres coupables au contraire qui ne se soumirent jamais. C'est ainsi qu'Hincmar, neveu de l'archevêque du même nom, aussi condamnable que Genebauld, ne montra point, par la suite de ses actes, que son âme fut accessible aux remords. Lorque Carloman se révolta contre Charles-le-Chauve, l'évêque de Laon refusant de l'excommunier fut soupçonné d'intelligence avec lui. Le roi lui assigna un jour pour comparaître devant un tribunal. Hincmar ne s'étant point rendu à cette injonction, ses revenus furent saisis ; cependant, grâce à son oncle qui, d'une part chercha à conjurer l'orage, et de l'autre lui adressa de sages admonitions (*), il recouvra son évêché ; mais ce fut pour lui une nouvelle occasion de prouver son ingratitude. Enfin forcé en 871 de se rendre au concile de Verberie, il fut, après sa déposition, mis dans un cachot où on lui creva les yeux. Comme pendant d'Hincmar nous pourrions citer ici Gaudry, prélat aussi libertin qu'ambitieux, mais nous préférons détourner l'attention de nos lecteurs de ces exemples heureusement peu nombreux. Hâtons-nous au contraire d'avancer pour

(*) Lettre d'Hincmar, archevêque de Reims, à son neveu... J'admire en vérité que tu sois devenu si effronté, que, comme le Seigneur disait autrefois en parlant des juifs, tu ne sais plus rougir. Si je voulais reprendre par ordre toutes tes mauvaises actions, la lumière te manquerait avant que tu eusses fini de lire.

compenser ce blâme que la plupart de nos autres prélats se sont montrés aussi vertueux qu'érudits, et que l'un des derniers, le cardinal de Rochechouart, s'était acquis un tel renom de sainteté que ses cendres, placées sous le maître autel, ont été préservées des fureurs populaires pendant la révolution.

Bien qu'il n'ait pas exercé chez nous le ministère épiscopal, qu'on nous permette de mentionner ici Saint-Rémy, qui institua notre évêché. Saint-Rémy naquit de parens nobles qui faisaient leur résidence à Laon, il fut placé malgré lui sur le siége pontifical de Reims; *raptus potiùs quàm electas*, dirent les historiens. Il conserva même audelà du tombeau l'affection, que durant sa noble carrière, il avait témoigné à sa ville natale. Il lègue, par son testament, vingt-deux sous d'or à partager entre les prêtres, diacres, sous-diacres, lecteurs, gardes des hosties de Laon, et de plus sa part entière des domaines de Seccum et Lausita(*). Il donne à l'église de la même ville deux des domaines qui lui viennent du roi Clovis de sainte mémoire et de plus, deux vases d'argent, l'un de trente livres et l'autre de dix pour faire des patènes et des calices.

Arrêtons-nous maintenant devant cette humble maison adossée à l'un des murs de l'évêché et baisons avec respect le seuil à demi usé. C'est là qu'enseignait Anselme, surnommé le docteur des docteurs, et notre imagination nous reporte aussitôt au milieu des Albéric de Reims, des Guillaume de Champeaux, des Abeilard et de tant d'autres, dont les noms ont illustré leur siècle. Si le primat d'Aquitaine et l'archidiacre de Paris, sans être pour cela ignorés, n'ont pas eu à certains égards la célébrité de l'amant d'Héloïse, disons cependant que nous n'avons pas à leur reprocher le plus odieux des vices, la noire ingratitude, tandis qu'Abéilard par un excès de jalousie osa porter atteinte à la réputation de son maître.

Laissons ces souvenirs du passé et au risque de perdre quelques-unes de nos illusions, descendons sur le boulevart; quand on a exploré avec une certaine continuité des ruines, quand on s'est pro-

(*) Inconnus aujourd'hui.

mené quelque temps à travers les tombeaux, on aime à respirer un air plus frais, quoique moins poétique. Les promenades de Laon, je le dis sans exagération, ne le cèdent à aucune autre, elles ont même toujours de l'attrait, l'été elles garantissent de l'ardeur du soleil par l'épaisseur de leur feuillage, et durant la morte saison, comme le vent y balaie promptement la pluie, elles sont encore agréables. En tout temps l'air y est un peu vif, mais il est par cela même salutaire, car on compte un octogénaire sur soixante personnes environ; ce qui confirme le précepte d'Hippocrate, que la position la plus favorable est celle battue par les vents. De toutes parts l'œil se repose sur un magnifique tapis de verdure, si ce n'était faire preuve de trop d'exigence on pourrait cependant regretter de ne point voir une rivière égayer cette charmante vallée.

Je m'aperçois qu'en vous énumérant les beautés du panorama qui se déroule devant nous, j'allais vous faire passer au-delà de la citadelle sans vous y arrêter. Pour peu que vous ayez le désir d'y faire une visite, je m'offre volontiers à être votre *cicerone*; tâchons d'abord de nous frayer un passage à travers la foule des ouvriers qui encombrent le chemin (*). Bien qu'à une époque encore rapprochée (1814), la citadelle ait résisté longtemps aux efforts des alliés, on a peine à se figurer que son importance ait pu être considérable dans ces dernières guerres; en effet, grâce à la main du temps et à l'incurie des hommes, elle est bien déchue de tout ce qu'elle fut jadis, et je doute, pour ma part, malgré le zèle et l'empressement que l'on déploie à la faire renaître de ses cendres, qu'elle puisse recouvrer un jour son ancienne splendeur. Louis XIV ayant de beaucoup reculé les frontières, les fortifications de Laon devenant inutiles, cessèrent d'être réparées. Henri IV s'empara de la citadelle le 2 août 1594 et l'inscription suivante placée à un an de distance et que nous avons été nous-mêmes transcrire sur les lieux témoigne de son triomphe.

Henrico qui christianiss. et invictiss. Francor. ac Navarr.

(*) On s'occupe maintenant à restaurer la citadelle.

rex. hispanor. terror fvgatis hostib. Lavdvn. recepto hanc arcem constrvi ivssit.

An. D. MDXCV.

Cléob. de Lisle de Marivavlx vrb. gvbernat (*).

En l'an 290, Saint-Béat, aujourd'hui encore en vénération, vivait dans une des caves de la citadelle; sa retraite subsista jusqu'en 1228 et fut visitée après sa mort par un grand nombre de personnages illustres, qu'amenait la célébrité du Saint.

En suivant toujours la ligne des promenades extérieures, nous arrivons auprès des ruines de l'Abaye de Saint-Vincent, fondé par la reine Brunehaut, qui changea en monastère une chapelle dédiée à Saint-Christophe et fit construire une église sous l'invocation de Saint-Vincent, martyr. En 886, Didon, évêque de Laon, accorde à ses chanoines, Saint-Vincent, pour y demeurer à perpétuité, et afin de les mettre en état d'y vivre au nombre de douze, il y joint tous les revenus du chapitre de Pierrepont et deux fermes à Chevregny. Douze moines de la règle de Saint-Benoît s'y transportèrent en 901. En 1359 la bibliothèque de Saint-Vincent, composée de plus de vingt mille volumes manuscrits, fut brûlée par les Anglais; on regrette particulièrement dans un désastre aussi considérable la copie de quelques ouvrages précieux qui ne se trouvaient point ailleurs. En 1463 Philibert de Bruhenstère voulant rétablir cette maison la donna aux Bénédictins de l'ordre de Saint-Maur. Nous lisons dans l'almanach royal de 1772 que les revenus de cette communauté étaient de 25,000 livres. La montagne sur laquelle elle est située n'étant que peu dominée par celle de la ville, dont elle est séparée par une

---

(*) Henri IV, très chrétien et très courageux, roi de France et de Navarre, la terreur des Espagnols, après la fuite des ennemis et la prise de Laon, ordonna de construire cette citadelle. L'an du seigneur 1595. Cléobule de Lisle de Marifaulx, gouverneur de la ville.

vallée, on est surpris dans le jardin de voir une grande nappe d'eau formée par une fontaine, ce réservoir diminue considérablement l'été (*), il vient par conséquent des pluies et des neiges fondues, stagnantes dans les rochers. L'Abbaye de Saint-Vincent, en qualité de second siége de l'évêque, jouissait de grands priviléges confirmé par une bulle d'Urbain IV. La veille de Pâques on tirait de cette église le feu béni, pour la cathédrale.

Lorsque l'évêque venait prendre possession, le Vidame seigneur de Clacy allait le prendre à la croix de Laon, le faisait monter sur une haquenée et le conduisait à Saint-Vincent, où il était reçu et harangué par l'abbé, accompagné de ses religieux en chappe; on l'introduisait ensuite dans l'église, on chantait le *Te Deum* et de là il allait loger à l'abbatiole. Le lendemain matin les religieux le conduisaient processionnellement à l'Église de Saint-Michel. Dans cette marche il était vêtu d'un rochet, et arrivé dans l'église on le revêtait d'habits pontificaux; de là, à pieds nus, il allait à la cathédrale, ayant à droite les religieux de Saint-Vincent, et ceux de Saint-Jean à gauche. Sous le parvis de cette église, il était présenté au chapitre par l'abbé de Saint-Vincent qui disait : nous vous présentons l'évêque vivant, vous nous le rendrez mort. Le prélat produisait ensuite ses bulles, baisait une croix, allait à l'autel de la Sainte-Vierge, puis venait au chapitre où le doyen l'ayant complimenté, il jurait de conserver les priviléges et les usages de son église. La cérémonie finissait par la visite de l'évêché et par un repas donné aux notables.

A l'un des angles de la Porte de Paris, par laquelle nous allons rentrer, est adossée une tour, dont l'inclinaison est remarquable. On ne sait si cette disposition, qui n'ôte rien à la solidité de l'édifice et qui est unique en France, est due au caprice de l'architecte ou si elle provient d'un tassement de pierres. La plupart des voyageurs s'extasie devant cette singularité; quant à nous, nous déclarons fran-

(*) Durant les mois d'été de 1855 la sécheresse était absolue.

chement que nous n'y avions jamais fait une attention particulière, sans doute parcequ'habitués à la voir ainsi dès l'enfance, nous regardions comme une chose naturelle ce qui frappe au premier coup d'œil les étrangers.

La seconde église de Laon est sous le patronage de Saint-Martin, et on voit sur une des faces extérieures ce saint couper son manteau avec son sabre pour en donner la moitié à un pauvre. L'architecture de cette succursale est belle, mais elle n'en paraît pas moins bien lourde auprès de celle de la cathédrale. On ne peut nier que ses ornemens intérieurs l'emportent incontestablement sur ceux de sa rivale, et toute la décoration du chœur est magnifique. Cette ancienne Abbaye de l'ordre des Prémontrés donna un pape à l'église sous le nom de Grégoire VIII et elle a conté parmi les agréés, Jean Comnéne, empereur de Constantinople. On est assez surpris de voir un tombeau musulman tout-à-fait à l'extrémité de l'église; on raconte à ce propos que l'hérétique qui gît sous cette pierre était de famille noble, et qu'à sa mort ses parens payèrent une forte somme pour obtenir qu'il fut mis dans l'église, mais les moines n'ayant rempli les conditions qu'à demi, et l'ayant placé au dehors on réclama l'exécution du traité, et pour obvier à la circonstance, les bornes du temple auraient été reculées de quelques pieds, de manière à ce que le corps du défunt fut placé sous les orgues. Ce qui ferait douter de la vérité de cette assertion, c'est qu'en considérant l'ensemble de l'édifice, on ne remarque point la plus légère dissemblance dans la manière dont sont liées toutes les parties.

Parmi les Abbayes qui eurent encore un grand renom, nous devons placer celle de Saint-Jean, fondée par Salaberge, fille d'un des principaux seigneurs d'Austrasie. Lors de la suppression des jésuites, les religieux de cette maison furent chargés d'instruire la jeunesse, ce qu'ils continuèrent jusqu'à la révolution. Ces bâtimens sont aujourd'hui affectés à la Préfecture, une des salles principales renferme la bibliothèque communale, qui contient près de 30,000 volumes.

Tous les monumens que nous venons d'explorer sont encore debout; quant à la tour de Louis-d'Outre-mer, bien qu'il n'en reste plus aucun vestige, cependant nous croyons devoir y conduire notre leccar elle vit dans notre souvenir, et l'impression qu'elle y a laissée est encore trop récente pour avoir rien perdu de sa vigueur. La tour de Louis-d'Outre-Mer, ainsi appelée du nom de son fondateur, fut seulement détruite en 1831. Nous ne mentionnerons qu'en passant la polémique qui s'engagea lors de son abolition, polémique à laquelle n'a pas dédaigné de prendre part, inconsidérément peut-être, une des gloires de la littérature actuelle (*) et nous dirons seulement, quelque téméraire que puisse paraître notre assertion sur un semblable sujet, que ce monument n'étant qu'une masse de pierres, on a pu, ce me semble, s'en défaire sans porter aucunement atteinte à l'art, et nous pensons que la cité trouvera quelqu'avantage à remplacer ce triste repaire des oiseaux de nuit par d'élégantes constructions dont on sentait généralement tout le besoin. Du reste cette pensée de destruction n'est pas nouvelle, aux motifs près; en 1789 elle fut suggérée par quelques écervelés et approuvée par des gens non moins fous. C'était à qui participerait à cette grande œuvre de régénération sociale. Tous, à l'envie, voulaient délivrer leurs concitoyens de cette image de l'anciennne servitude. Malheureusement ils n'avaient pas songé dans leur enthousiasme vraiment national, à une bagatelle qui, toute simple qu'elle fut, suffisait néanmoins pour exciter le mécontentement et de ceux qui venaient leur prêter main forte et aussi de ceux d'entre les habitans qui ne se trouvaient là que par un sentiment de curiosité; car les travailleurs lançaient du haut, avec une force d'Hercule, des quartiers de rocher que leurs concitoyens d'en bas semblaient peu soucieux de recevoir; l'amour de la patrie n'allait pas jusque-là. Grâce au ciel ce patriotisme, qui aurait pu casser la tête à trois ou quatre cents personnes, d'humeur pacifique pour la plupart, finit par se calmer et l'affaire en resta là.

Cette digression m'a mené un peu loin et je me hâte de revenir à mon sujet pour compléter quelques données historiques. Nous sa-

---

(*) M. Victor Hugo. Voir la *Revue des deux Mondes* ainsi que l'ouvrage : *Littérature et Philosophie mêlées*.

vons déjà que la tour, prison d'État, fut bâtie, il y a près de dix siècles. Philippe-Auguste, qui la fit réparer en 1207, l'entoura de fossés, de parapets et de tourelles. Un incendie l'ayant, dit-on, consumée en 1358, elle a été reconstruite à peu près dans l'état où elle était dernièrement, à l'exception de la flèche dont elle était alors surmontée. La ville fut longtemps, à cet endroit, séparée en deux partie par une porte nommée Porte-Morté (*); elle fut détruite il y a cinquante ans environ. Une petite chapelle, dédiée à la trinité et qu'on a fait disparaître en même temps, se trouvait à côté.

(*) Par corruption pour *mortelle*, et par allusion à l'étroit passage laissé aux voitures.

FIN.

www.ingramcontent.com/pod-product-compliance
Lightning Source LLC
Chambersburg PA
CBHW060442050426
42451CB00014B/3207